MEMOIRE

POUR M. DIBON, Chirurgien ordinaire du Roi dans la Compagnie des Cent-Suisses de la Garde de SA MAJESTE'.

(ECRIT PAR LUI-MESME.)

CONTRE la Lettre anonyme d'un Médecin de Paris, insérée dans le Journal Encyclopédique du mois de Février dernier ; & contre la Réfutation prétendue d'un Imprimé concernant le sieur le Grau, Major du Guet, distribuée par le sieur Keyser, distributeur des Dragées Antivénériennes.

AR le dernier Mémoire que j'ai publié à l'occasion d'un Libelle qu'avoient répandu contre moi les Partisans du sieur *Keyser*, je croyois leur avoir fait perdre l'envie d'hazarder de pareilles miseres. Mais il y a deux mois que je rencontrai par hazard un Journal imprimé à Liege, sous le titre imposant de *Journal Encyclopédique*. Ce Journal qui n'a pour fonder ce fastueux titre que la multiplicité des matieres, dont l'assemblage lui est commun avec tous les Journaux du monde, paroit ressembler à ces lieux d'asile, où les Proscrits, c'est-à-dire, les hommes qui n'ont

A

point de patrie, parce qu'on ne veut point les souffrir ailleurs, ont une retraite. Je fus donc moins surpris d'y trouver un Ecrit furtif qui me concernoit, sous ce titre si trivial : *Lettre d'un Médecin de Paris, sur les disputes survenues entre M. Keyser, célébre Médecin, & le sieur Dibon.* Le sieur Keyser *Médecin & célébre* [1] ! Je compris que cette Lettre étant de nature à ne pouvoir être insérée dans le Mercure de France, qui étoit alors à la discretion du sieur Keyser, on n'avoit pû la faire passer que dans un Journal obscur, peu connu & moins lû encore à Paris: c'est toujours quelque chose que d'être imprimé. Je ne crûs point qu'un pareil Ecrit qui sûrement est fort ignoré, excepté peut-être de ceux à qui le sieur *Keyser* l'a fait lire, méritât la moindre attention, & je n'y fis aucune réponse. Il n'en mériteroit point encore, si la prétendue Réfutation d'un Ecrit qui ne me regarde point, mais ou il a plû au sieur *Keyser* de me citer, je ne sçai pourquoi, ne m'obligeoit de donner au moins quelque signe de sensibilité.

Le soi-disant Médecin de Paris, traite mon Mémoire de Libelle : mais sçait-il, ce grand Ecrivain, quel qu'il soit, ce qu'il veut dire ? Un Mémoire consulté, reconnu, signé, non-seulement de la Partie, mais encore d'un Avocat, peut-il avoir le caractere de Libelle ? Et qui mérite mieux ce nom qu'un Ecrit tissu platement d'injures, anonyme & pseudonyme à la fois, & que personne n'ose avouer ?

Il me reproche d'inonder le Public de toutes sortes d'écrits que je *fais fabriquer sous les Charniers.* Cette expression & plusieurs autres, qui se ressentent apparemment *des lieux que fréquente l'Auteur*, font beaucoup d'honneur à la qualité de Médecin qu'il ose prendre.

» Je fais, dit-il, continuellement tapisser tous les coins
» des rues de Paris de Libelles, contre tous ceux qui s'atta-
» chent à la guérison de ces maux, qui à force d'être devenus si
» communs, ne sont plus redoutés..... Aux *prodiges* que
» M. *Keyser* opére depuis près de trois ans, je n'oppose que
» des Certificats mendiés [2].

[1] On lui donne aussi judicieusement, dans cette Lettre, la qualité de *Médecin des Gardes Françoises.*

[2] Ce qu'on appelle ici des Certificats mendiés, sont la plûpart des Certificats de Malades, qui valent bien des Certificats de Sergens aux Gardes, dont le sieur

» Cet opiniâtre Adversaire, (c'est encore de moi qu'il
» s'agit) en fa qualité de Chirurgien des Cent-Suisses, a crû
» sans doute intéresser la dignité du Corps auquel il a l'hon-
» neur d'être attaché, *en lachant le pied*; & tout de même que
» ces braves gens se qui battoient pour leur Prince, *jusqu'à*
» *extinction totale de chaleur naturelle*, il s'est imaginé qu'il ne
» falloit pas quitter la partie, & qu'au contraire il étoit de
» son honneur de crier continuellement contre le remède de
» M. *Keyser* ». Voilà le style de la Lettre, & les bonnes plai-
santeries du prétendu Médecin. On ne peut qu'être étonné
qu'un Ecrit si mal fait & si décousu, ait pû trouver place même dans le Journal de Liége.

» Tantôt, ajoute-t-on, je prétens que j'ai le Secret du sieur
» *Keyser*, qui n'est, à ce que j'ai dit, autre chose que ma pro-
» pre maniere de traiter les maladies Vénériennes, & tantôt
» je soutiens qu'il n'y a rien au monde de plus dangereux que
» ce remède ».

Où l'Auteur de tout ce beau verbiage a-t-il vû que je
confondois le remède du sieur *Keyser* avec le mien ? Il paroît
qu'il n'entend pas mieux ce qu'il lit, qu'il ne sçait exprimer,
je ne dis pas ce qu'il pense, mais ce qu'il veut dire !

Je conviens de la derniere remarque. J'ai soutenu & je sou-
tiendrai toujours, que le remède du sieur *Keyser* est aussi dangereux que peu sûr. J'ai actuellement bien des preuves, &
j'en ai fourni plus qu'il n'en falloit, pour démontrer l'insuffisance & les mauvaises qualités des Dragées Antivénériennes.
Je sçai qu'il y entre du Mercure : voilà tout ce que nos remèdes peuvent avoir de commun. Mais je sçai de toute certitu-
de, que sa préparation de Mercure, très-différente de la mienne, est fort dangereuse, parce que j'en ai vû des effets. Je ne
prétens point pour cela, & je n'ai jamais dit ni écrit, que son
remède ne pût guérir aucune espéce de maux vénériens. Je
crois que son remède, administré avec les plus grandes pré-
cautions, peut réussir sur quelques malades que la force de

Keyser rapporte un grand nombre. Les gens éclairés pourront même y faire quelque différence. Un malade en état de payer les remèdes, & qui est le premier in-
téressé à leur succès, est bien moins suspect d'illusion, qu'un homme qu'il est aisé
de tromper sur les plus foibles apparences, & qui avec beaucoup d'honneur, a
encore plus de crédulité.

leur complexion défendra des impressions qu'il fait sur les autres. Je comprens encore que les Chirurgiens intéressés à accréditer ce remède, aidant l'Auteur de leurs conseils, sçauront par leur habileté reparer une partie des maux qu'il cause inévitablement tous les jours. Mais, je le répéte hautement, (& je ne cesserai jamais de demander au Public instruit, acte de ma déclaration,) malgré tous les succès apparens des Dragées du sieur *Keyser*, je soutiens que le moindre inconvénient de ce remède, est de manquer les malades. J'ose encore ajouter qu'on reconnoîtra, non pas tôt ou tard, (car mes contemporains sont trop éclairés, pour que l'illusion puisse durer long-tems) mais bientôt, mais très-promptement, tout l'empyrisme d'un remède que l'intrigue & un coupable intérêt sont venus à bout d'établir.

Le prétendu Médecin de Paris s'exprime ainsi à l'occasion d'un malade que le sieur *Keyser* a manqué, & dont il s'agit dans mon Mémoire.

» Un homme, sur la foi de ses promesses, ayant été guéri
» avec les Dragées Antivénériennes, M. *Keyser* a reclamé la
» récompense de ses soins. Quoique cet homme se fût recon-
» nu parfaitement guéri tant qu'on ne lui demanda rien, il a
» soutenu, pour éluder la loi, que le remède du sieur *Keyser*
» n'avoit fait que pallier son mal ! Il n'a pas eu honte de se li-
» guer avec le sieur *Dibon*, qui regardoit cette ressource com-
» me un triomphe assuré ».

C'est se tirer lestement d'affaire; mais c'est éteindre les flambeaux, pour se sauver à la faveur des ténébres. Le malade dont l'Anonyme parle avec tant d'ambiguité, est le même qui a été vû par M. de la *Martiniere*, Premier Chirurgien du Roi, & par plusieurs Maîtres en Chirurgie qui étoient présens. Il dissimule cette circonstance, pour dépayser les lecteurs. Mais la déclaration du malade, & le témoignage des Praticiens qui ont vérifié son état après le traitement du sieur *Keyser*, sont d'une force, que toutes les négations des *Dragistes*, & les foibles raisonnemens de son Défenseur ne détruiront pas. Le fait est démontré dans mon Mémoire.

Je me suis beaucoup trop arrêté sur un pitoyable Ecrit qui ne méritoit pas quatre lignes. Je passe à celui du sieur *Keyser*.

Je n'ai aucune part au différend du sieur *Keyser* avec M. le *Grau*, Major du Guet, & M. *Menagé*, ci-devant Chirurgien Major du même Corps. Cependant l'Avocat du sieur *Keyser*, à la page 4 de la prétendue Réfutation, hazarde inconsidérement sur mon compte ce que je vais fidélement rapporter.

» *La multitude de ses occupations* [du sieur *Keyser*], dit son
» Defenseur, ne lui a pas toujours permis de répondre aux
» écrits multipliés de ses Adversaires ; entre autres à ceux du
» sieur *Dibon*, auxquels il n'a pas crû devoir faire attention ,
» persuadé qu'un homme qui n'a fait toute sa vie d'autre métier que de *prôner son remède, sans des succès assez notoires*
» pour qu'il puisse espérer de le mettre jamais au rang des remédes généralement reconnus pour spécifiques, & qui s'est
» toujours élevé *contre les Praticiens & les Auteurs les plus respectables*, devoit par cette raison paroître assez suspect au Public. D'ailleurs, tout ce qui a été publié en faveur du remède de M. *Keyser*, fait assez voir combien il eût été facile
» de prouver la fausseté de ses imputations ».

Voilà donc toute la réponse du sieur *Keyser* : 1°. au Concours que je lui ai proposé par les motifs les plus pressans, & dans un tems où il ne pouvoit m'objecter, comme il a fait depuis plusieurs fois, les occupations de son Hôpital, qui n'étoit pas encore établi [a] ; 2°. au fait de l'Enfant de quinze mois qui avoit une écorchure à la fesse, causée par un voyage de cinquante lieues qu'on lui avoit fait faire dans une Charette : écorchure que le sieur *Keyser* jugea, contre l'avis de M. *Moreau*, Chirurgien-Major de l'Hôtel-Dieu, contre celui de M. *Hebrard*, Maître en Chirurgie, & contre le mien, être l'effet de la Vérole, mais qui fut guérie en quinze jours avec des compresses trempées dans une décoction de Guimauve ; 3°. à tous les faits de mon Mémoire, & entr'autres à celui du *Maître Paveur*, manqué par le sieur *Keyser*, & que j'ai fait voir à M. le Premier Chirurgien du Roi ; à celui de la Demoiselle que l'usage des caustiques Dragées non seulement n'avoit pû guérir, mais au contraire avoit réduite dans un état très-

[a] Quel moyen, disois-je alors, plus simple & plus sûr, pour établir solidement la réputation de son remède, pouvoit jamais se présenter ? Quels reproches ce Public qu'il prétend servir n'est-il pas en droit de lui faire, pour avoir refusé un Concours qui devoit assurer sa confiance ?

déplorable, constaté par M. *Delahaye*, Maître en Chirurgie; au fait du nommé *Peanloup*, Cocher, que son remède n'a pas tué, mais qu'il a laissé dans l'état qui a causé sa mort, & d'où j'ai tiré, moi, un malade encore plus desesperé, &c.

C'est à de pareils objets, à des faits si graves & qui interessent si fort la réputation des Dragées, que le sieur *Keyser* n'a pas crû devoir faire aucune attention. Eh quel autre parti pouvoit-il prendre ? Quand on ne peut combattre avec avantage, il faut bien esquiver le combat, & se retrancher sous les dehors d'une fausse modération ou d'un dédain affecté. Mais le Public ne prend point le change. Le Public ne perd point de vûe le défi si intéressant pour lui, que j'ai fait authentiquement par quatre fois au sieur *Keyser*, & le refus constant qu'il a fait de mettre son remède à l'epreuve, où j'offrois d'exposer de nouveau le mien. Le Public n'est point la dupe des grandes occupations qu'il a toujours alléguées, pour se dispenser d'entrer en lice, parce qu'il se souvient que la multitude de ses occupations ne l'a point empêché de défier M. *Thomas*.

« Je n'ai fait, dit-on, toute ma vie, que de prôner mon » remède, sans des succès assez notoires pour qu'il soit jamais » au rang des spécifiques ». Il est à souhaiter pour M. *Keyser*, qu'il ait lieu de prôner lui-même, ou de faire prôner son remède (1) aussi long-tems que s'est soutenu le mien. Mais j'en ai marqué le terme, & tous les efforts de ses Partisans ne pourront pas le reculer.

A l'égard de mes succès, je consens qu'ils soient toujours ignorés du sieur *Keyser*. Content de la notoriété qu'ils peuvent avoir, je méprise trop son suffrage, pour daigner lui prouver des succès moins équivoques que les siens, & certainement plus durables.

Mais quels sont les Praticiens & les Auteurs respectables contre lesquels je me suis élevé ? Le sieur *Keyser* pourroit-il appuyer de la moindre preuve ce reproche vague ? De tous ceux avec qui j'ai eû quelque démêlé, je ne sçai que M. *Astruc* à qui soit dû le nom d'Auteur respectable. Mais notre

___

(1) Il sied bien au sieur *Keyser* de me faire un pareil reproche, lui qui remplit tous les Caffés du détail ennuyeux de ses Cures, qui en farcit le Mercure de France; qui se fait adresser des Vers, & qui employe tous les moyens qu'on a jamais pû imaginer, pour se mettre à la mode !

différend qui rouloit sur l'efficacité exclusive que ce grand Médecin donnoit aux frictions, est terminé depuis long-tems, & j'ai eû la consolation de convaincre feu M. *Silva*, qui pensoit comme lui, de l'efficacité du mien.

Quant aux Praticiens que j'ai attaqués, les voici. C'est l'Auteur des Fumigations proscrites depuis si long-tems; c'est le sieur *Mollée*, dont la Quintessance ne peut plus même être citée; c'est M. de *Torrés*, qui depuis deux ans abandonné des plus ardens Protecteurs de sa Pomade mercurielle, les a vû passer avec sa fortune dans le parti de son successeur. Je défie le sieur *Keyser* de m'en citer d'autres, & je laisse apprécier ces trois Praticiens.

Il me resteroit à justifier que tout ce qui a été publié en faveur du sieur *Keyser* ne prouve rien moins que la fausseté de mes prétendues imputations, qui sont autant de faits prouvés, démontrés, & dont il n'a pas encore pû détruire un seul; mais il me faudroit répéter presque entiérement mon Mémoire. Or comme le sieur *Keyser*, ni ses Défenseurs n'y ont pas encore fait un mot de réponse précise, je suis en droit de l'y renvoyer, & je le tiens comme passé en titre.

Si j'avois le moindre intérêt à l'affaire qui s'est passée, à l'occasion du Major du Guet, entre M. *Menagé*, & le sieur *Keyser*, je n'aurois pas beaucoup de peine à réfuter la Réfutation. Je mettrois au moins le Public en état d'entrevoir le fond d'un incident qu'on a crû pouvoir déguiser sous le spécieux appareil de formalités extrajudiciaires, qui ne prouvent rien autre chose que les ressources du crédit, de l'autorité, de la dépendance réunies en faveur du sieur *Keyser*. On s'est déja demandé, pourquoi c'est M. *Guerin* lui-même, M. *Guerin* le plus connu, le plus déclaré, le plus ardent Protecteur des Dragées Antivénériennes, qui a été choisi pour vérifier les faits qu'il s'agissoit d'éclaircir; & tout le monde s'est apperçû qu'il étoit en même tems Juge & Partie. On s'est étonné de le voir faire la fonction d'Enquesteur Examinateur, & interroger un homme de sa profession.

Ce singulier interrogatoire n'a donc pas produit, à beaucoup près, sur les personnes un peu clairvoyantes, l'effet que le sieur *Keyser* s'en étoit promis. Les Certificats du sieur de la Garenne & du sieur le Grau ne sont pas mendiés sans doute: on sçait que l'autorité commande, ou fait des insinuations qui

valent des ordres ; mais que difent ces Certificats ? » Le ma-
» lade, au milieu des remèdes, a veillé deux nuits, a fait un
» fouper ; il s'en eft fuivi de violentes coliques. Il ne les at-
» tribue pas *précifément* à l'effet des Dragées du fieur *Keyfer* ;
» elles pouvoient être occafionnées par les fatigues précé-
» dentes : *mais il n'eft pas affez fçavant, pour en démêler le*
» *vrai principe* ».

Le remède du fieur *Keyfer* n'eft-il pas bien juftifié par une pareille déclaration ? Combien de malades entre les mains des Frictionnaires & entre les miennes fe font beaucoup plus échapé que celui de M. *Keyfer*, & cependant ont été guéris, fans éprouver aucun des fymptômes décrits dans le premier Certificat de M. le Grau (1) ! Car on n'eft pas à remarquer, que le fecond Certificat exigé par le fupérieur de cet Officier, ou donné d'office par les raifons de dépendance qui fautent aux yeux, ne détruit aucun des faits les plus importans, articulés dans le premier. Il ne contredit point en effet la circonftance des convulfions & des quatre faignées, *qui firent évacuer au malade des ordures vertes comme du vitriol*, & celles du régime (2) auquel il fallut le mettre, pour réparer un défordre que deux veilles & un fouper n'auroient pû produire. Il y a plus : l'addition qu'on a mife à la fuite du fecond Cerificat, pour tâcher d'infirmer le premier, confirme au contraire toutes ces circonftances. » J'étois bien éloigné de pen-
» fer, dit le malade, que le fieur *Menage* me compro-
» mettoit dans un Libelle de cette efpèce, que je défavoue
» entiérement, *pour ce qui regarde les calomnies & imputa-*
» *tions qui y font inferées.* « Ainfi le nouveau Certificat du fieur le Grau ne porte expreffément que fur les prétendues calomnies que *le premier contient contre le fieur* Keyfer, *& contre ceux qui ont atteflé la validité de fon remède.*

Or les calomnies qui ont fervi de prétexte à tout cet étalage d'Enquête, de confrontation, & d'interrogatoire, confiftent dans quelques expreffions du premier Certificat de M. le Grau. Aux termes de ce Certificat, le fieur *Keyfer eft un faux Efculape,* que *des gens de l'Art* [*fur la foi defquels on fe con-*

---

(1) C'eft-à-dire, ce déchirement d'entrailles fuivi de tenfions, d'une inflammation & de violentes douleurs de bas-ventre.
(2) Dix jours à l'eau de Poulet, au bouillon ordinaire, & aux eaux de Vichy.

ſie] *élevent impudemment juſqu'aux Cieux.* Au lieu *d'impudemment*, tout le monde liroit volontiers *imprudemment*, par égard pour les Certificateurs, ſi pour des Praticiens l'accuſation d'imprudence n'étoit pas infiniment plus ſenſible que celle de colluſion, d'intérêt, & de tout ce qui revient à ces idées triviales.

Suivons ces graves calomnies. *J'eus la foibleſſe*, dit le malade, *de me livrer à ſon ignorance*, [c'eſt toujours du ſieur *Keyſer* qu'il s'agit] *& à la barbarie de ſon remède qui ſeul peut détruire plus de ſujets au Roi que toute l'artillerie de ſes ennemis*, [c'eſt l'expreſſion énergique du Certificat]. Voilà donc une calomnie caractériſée, puiſqu'on ſappe ici par les fondemens la réputation *médicale* du ſieur *Keyſer*. Dans un autre endroit le malade, pour dire qu'il retourna chez le ſieur *Keyſer*, prendre quelques *rations de Dragées*, dit qu'il paſſa *chez ſon bourreau*. Ce terme de bourreau, qui paroît ſi dur, n'offenſeroit ſûrement pas aucun de nos bons Praticiens. Ils ſçavent qu'ils ne peuvent guérir qu'en cauſant plus ou moins de mal-aiſe & d'altération à leurs malades ; mais c'eſt une irrévérence marquée à l'égard du ſieur *Keyſer*, dont les Dragées font des prodiges, des miracles, des réſurrections, ſuivant les hyperboles ordinaires de ſes Partiſans.

Toutes ces calomnies prétendues que le Public a ſçû bien mieux qualifier, ont été d'une grande reſſource au ſieur *Keyſer*, pour attaquer le premier Certificat de M. *le Grau*. Comme on ne pouvoit pas réfuter le fond des faits qui ne ſont pas du tout contredits [ainſi que tous ceux qui ont lû la Réfutation, l'ont remarqué avant moi], on s'eſt attaché à incidenter ſur la forme, & l'on n'a fait proprement, ſuivant le ſtyle de la Procédure, qu'attaquer les *qualités* de la Piéce. Car quant à la petite circonſtance *des complimens faits ſur le Boulevard au ſieur Keyſer* par le malade, quoique ce ſoit là le ſeul fait & même l'incident le plus grave de tout ſon interrogatoire, cette vetillerie vraie ou fauſſe n'a fait aucune ſenſation.

Le ſieur *Keyſer* articule un fait qui n'a point échapé à l'attention du Public, & qui prouve tout contre lui. Il nous apprend que M. *Menagé*, qui a traité le Major ſi mécontent des Dragées a perdu ſa place ; & nous ſçavons que ce Major,

B

a confervé la fienne. Que la fermeté du Chirurgien l'ait abandonné depuis fa deftitution, qu'il ait défavoué le Certificat, qu'il ait même fait des démarches pour tâcher de fe faire rétablir, perfonne n'en fera furpris. Je l'ai déja bien infinué : on connoît les effets de la dépendance & ceux de l'intérêt fur les hommes. Mais fa deftitution même & l'efpèce de défaveu fait par l'Officier qui a fçû par-là conferver fa place, prouvent évidemment que l'autorité a feule influé dans toute cette affaire ; & le fieur *Keyfer* qui a crû pouvoir en tirer avantage, nous a fait appercevoir feulement les moyens dont il s'eft fervi pour parvenir à fon but.

A la fuite du Procès-verbal dont le fieur *Keyfer* a régalé le Public, eft une lifte des Villes où l'on employe, à ce qu'il dit, de fes Dragées. Mais fi M. *Daran* qui avoit établi de la même façon fes Bougies dans toutes les Provinces, en a reconnu l'inconvénient par l'abus qui s'en eft fait, le fieur *Keyfer*, dont le remède n'eft pas à beaucoup près auffi fûr que celui de M. *Daran*, doit tout craindre, & de l'effet de fes Dragées, & de ce que l'impéritie peut encore ajoûter à leurs propriétés naturelles. (1).

Après cette lifte intéreffante eft une fuite de Certificats bien fufceptibles de difcuffion, mais dont certainement l'examen ennuiroit autant le Public, que la lecture même des piéces.

Je me borne donc à deux Obfervations que j'adreffe à toutes les perfonnes équitables, & capables d'examiner fans prévention l'objet de notre différend.

1°. Tous les prétendus Méthodiftes, contre lefquels je me fuis élevé depuis 20. ans, n'ont fait que répéter contre moi les mêmes reproches, & fe font tous copiés les uns les autres. C'eft toujours, felon eux, pour réchauffer le Public en faveur de mon remède, pour foutenir fa réputation chancellante, ou pour le tirer de l'oubli profond dans lequel il eft, [je n'affoiblis point leurs expreffions], que j'écris contre les nouveaux fpécifiques. C'eft la jaloufie, l'envie, l'intérêt, qui m'ont fait attaquer l'Auteur des Fumigations, le fieur *Mollée*,

---

(1) Un Membre de l'Académie Royale de Chirurgie, Praticien célèbre, m'écrit de Befançon, que les Dragées y font encore heureufement inconnues ; & j'apprends de Bordeaux, que les fuccès du même remède, entre les mains de M. *de la Plaine*, font également ignorés dans cette dernière Ville.

M. de *Torrès*, le sieur *Keyser*. Car ce sont-là, je le répéte, les seuls *Praticiens*, [comme parle le sieur *Keyser*] dont j'aye discuté les remèdes, & l'on ne prouvera point que jamais j'aye entamé la réputation d'aucun de ceux qui le sont véritablement (1). Mais quiconque examinera sans passion & sans préjugé les motifs qui m'ont fait écrire, & le bon effet qui a résulté de mes disputes avec ces prétendus *Praticiens*, conviendra que l'intérêt seul du Public a pû me porter à me faire gratuitement des ennemis, que je voudrois avoir toujours ignorés, & que c'est encore le Public qui a profité seul de nos différends.

Les Fumigations ont été le premier remède que j'ai attaqué, & ce n'a point été dans la vûe de faire prévaloir le mien, puisque ce fut exactement M. de la *Peyronnie* qui m'engagea à ce travail. C'est un fait que j'ai consigné dans plusieurs écrits publiés de son vivant, & il ne l'a jamais désavoué. Mais quand je me serois porté de moi-même à décrier les Fumigations, je n'aurois qu'à me féliciter du succès, puisque leur insuffisance & d'autres inconvéniens reconnus les ont fait totalement rejetter.

La Quintessence du sieur *Mollée*, venue dix ans après les Fumigations, abuseroit encore impunément les malades, assez simples pour s'y confier, si le petit intérêt de la fortune du jour n'eût excité son industrie à fronder par-tout mon remède. On n'osoit point encore écrire; mais on répandoit sourdement qu'on avoit guéri tel & tel malade, manqués, disoit-on, par ma méthode. Ce manège ne put durer long-tems, sans venir à ma connoissance. Il me donna la curiosité de suivre les effets du remède qu'on vouloit établir aux dépens du mien, & j'examinai de près les prétendues guérisons opérées par la Quintessence. Quand je sçûs à quoi m'en tenir, je crûs devoir détromper le Public, & j'écrivis contre le nouveau remède. Le sieur *Mollée*, dans ses réponses, ne payoit que d'injures vagues, & de tous les lieux communs réchauffés par le sieur *Keyser*. Mais ses récriminations contre moi ne l'ont point empêché de tomber, & j'ai eû la satisfaction de

(1) On ne peut plus alléguer mes contestations avec M. *Astruc*. J'étois avec cet habile homme uniquement sur la défensive, & je n'ai point lieu d'en rougir. Voyez *la Réfutation des deux Ecrits publiés en faveur de M. de Torrès*, pag. 43. & suiv.

B ij

voir confirmer le jugement que j'avois porté de la Quintef-
fence par une condamnation juridique qui l'a profcrite en-
tierement à Bordeaux (1).

Dans le même tems, M. de *Torrés*, avec fa Pomade Mercurielle, faifoit du moins autant de figure que le fieur *Keyfer* en
fait avec fes Dragées. Il ne lui manquoit qu'un Hôpital qu'il auroit fans doute obtenu, s'il fe fût trouvé dans des circonftances auffi favorables que le fieur *Keyfer*. M. de *Torrés*, pour
s'élever fur les ruines du feul Méthodifte en état de lui difpu-
ter le terrein, s'y prit à mon égard de la même façon que le
fieur *Mollée*. Je fus donc encore obligé de reconnoître l'ennemi, & d'aller à la découverte. Enfin j'appréciai fi bien fon remède, que deux ans de vogue ont terminé la plus brillante
carriere.

C'eft dans cette heureufe conjoncture, c'eft dans ce vuide
fi favorable à l'établiffement d'un nouveau remède, que parut
le fieur *Keyfer* muni d'un prétendu fpécifique, auquel il donnoit le nom fpécieux de *Dragées*. Le fieur *Keyfer* eut dabord
avec M. *Thomas*, alors Chirurgien de Bicêtre, des démêlés
qui ne me regardoient pas, mais qui attirerent l'attention des
Praticiens fur fon remède. Quoiqu'étranger, ainfi que M. de
Torrés, il s'y prit mieux que ce Médecin. Il commença par
propofer à M. *Thomas* un concours qu'il fçavoit bien que ce
Chirurgien dans fa pofition ne pourroit jamais accepter, &
dont il annonça le refus dans un Ecrit qu'il fit répandre avec
tout l'éclat d'un homme empreffé de mettre à profit fes moin-
dres avantages. J'étois tranquille fpectateur d'une difpute dont
je pénétrois bien le but, & ayant déja eu quelques occafions
de voir des effets du nouveau remède, je me contentois de
dire à ceux qui me parloient de *l'Homme aux Dragées*, ce que
les Miniftres d'Hollande difent toujours à l'apparition d'un
Aventurier François qui s'établit chez eux. Quelque tems après
la propofition du concours faite à M. *Thomas*, il parut un pe-

———————————————————————————————

(1) Un Maître en Chirurgie de cette Ville m'écrivit au commencement de Jan-
vier dernier ce qui fuit : » On vient de procéder ici contre le fieur *Mifonet*, Diftri-
» buteur dans cette Ville de la Liqueur du fieur *Mollée*. Le Jugement porte qu'il
» fera fait inhibition & défenfe au fieur *Mifonet*, de s'immifcer à l'avenir de diftri-
» buer, vendre, & adminiftrer aucune efpèce de remède, à peine de punition cor-
» porelle, & il eft condamné à 3 liv. d'aumône. Il y avoit plufieurs voix pour le
» banniffement, &c. «

tir Ecrit qui m'étoit directement adressé, & dans lequel en exagérant le mérite du nouveau remède, on insinuoit qu'il étoit fort supérieur au mien. Cet Ecrit hazardé sans doute, ou par quelque ennemi secret, ou par quelque ami du sieur *Keyser*, un peu trop zélé, fit l'effet qu'on vouloit apparemment lui faire produire. Je pris feu d'abord, & dans une Lettre que j'adressai au sieur *Keyser*, je lui fis le même défi qu'il avoit fait à M. *Thomas*: il le refusa, j'insistai, & le refus constant d'un concours qu'il avoit proposé lui-même à un Praticien qui l'auroit sûrement fait succomber, ayant confirmé mes soupçons, je cherchai les moyens de les éclaircir. J'eus bien-tôt lieu d'être satisfait, par toutes les preuves qui me vinrent de l'insuffisance des Dragées, & que j'ai rapportées dans mon Mémoire. Voilà l'Histoire de mes différens avec les sieurs *Charbonnier*, *Mollée*, *Torrés* & *Keyser*. Tels sont les fameux Praticiens, les personnages respectables que j'ai osé attaquer. Et parce que j'ai ouvert les yeux sur leur compte aux malades que leur état rend nécessairement crédules; parce que j'ai produit les plus fortes preuves contre des remèdes évidemment faux ou dangereux; parce qu'enfin j'ai fait le devoir d'un bon Citoyen, & que j'ai seul eu le courage de m'opposer au torrent de la prévention, du prestige, de l'illusion, on m'accuse d'avoir fait des Libelles, d'avoir injurié, calomnié, noirci ces Messieurs. Mes Ecrits sont entre les mains du Public, & je n'ai jamais été dans le cas d'en désavouer aucun. J'ai toujours attaqué de front les Empyriques qu'il m'a paru dangereux de laisser accréditer. Qu'on lise mes trois Lettres à M. de *Torrés*; la Réfutation de deux Ecrits publiés en faveur de ce Médecin, sous les noms postiches de *Carboneil* & de *Bertrand*; ma premiere Lettre au sieur *Keyser*; celle que j'ai adressée depuis à M. le *V****, Chirurgien Major de l'Hôpital de B........ & Membre de l'Académie de Royale de Chirurgie; enfin mon premier Mémoire justificatif, & celui-ci, je défie les gens raisonnables, pour peu qu'ils soyent instruits & non prévenus, de trouver que j'aye avancé aucun fait sans preuves, & qui ne soit rigoureusement démontré. Si des vérités utiles au Public sont des calomnies, je passe condamnation.

Quand je mériterois le reproche que tous les faux Praticiens me font, de ne chercher, en éclairant le Public sur l'invalidité de leurs remèdes, qu'à redonner du prix au mien, il n'y auroit rien de déshonorant pour moi dans un pareil mot f. C'eſt ſervir eſſentiellement le Public, que de chercher à déterminer ſa confiance pour un remède ſûr, acquis par le Roi après les plus fortes épreuves, & pour tout dire en un mot, le ſeul remède particulier qui ſe ſoit ſoutenu depuis quarante ans avec les frictions, tandis qu'il en a diſparu tant d'autres, comme les Dragées diſparoîtront à leur tour.

Il faut maintenant caractériſer le remède du ſieur *Keyſer*: en voici l'hiſtoire ſecrete & publique.

M. de *Torrés*, comme je l'ai dit, venoit de quitter le théâtre, & le laiſſoit vuide: ſa Pomade mercurielle étoit reconnue par des faits prouvés, palliative, inefficace, & par conſéquent dangereuſe. Le ſieur *Keyſer*, après avoir fait en Province quelques eſſais obſcurs, ou dont l'événement du moins eſt fort ignoré, vint s'aventurer à Paris, avec ſes Bols qu'il appelle galament des Dragées. On ne pouvoit mieux prendre ſon tems, & il ſe conduiſit plus adroitement que le Médecin Eſpagnol. Des Praticiens frictionnaires que l'exemple de M. de *Torrés* avoit convaincus des reſſources de la nouveauté, toujours inépuiſables à Paris, & qui connoiſſent bien le Public, à l'apparition des Dragées, crurent trouver autant d'avantage à protéger ce remède Flamand (qui eſt originairement né en France), que dans le traitement des malades. Le ſieur *Keyſer* ſçut preſſentir ces diſpoſitions, & en profita. Il eut ſur le champ des Protecteurs qui renonçant pour lui à leurs préjugés, c'eſt-à-dire aux maximes de l'École, & aux uſages les plus conſtans du Corps reſpectable dont ils ſont membres, prônerent partout les Dragées, les conſeillerent à leurs malades, ſignerent des Certificats tant & plus, & donnerent à leurs complaiſances l'appareil le plus ſérieux, le plus propre à éblouir la crédulité. Pour cimenter ſolidement cet œuvre d'intérêt & d'intrigue, on imagina l'établiſſement d'un Hôpital particulier pour le Régiment des Gardes-Françoiſes. Il fut d'autant plus aiſé d'obtenir la confiance de l'illuſtre Chef de ce Corps, que ſes intentions bienfaiſantes étoient fort connues, & qu'on le ſçavoit diſposé à procurer tout le bien qui dépendoit de lui. Des Cures de Soldats atteſtées par de nombreux Certificats de Maîtres en Chirurgie & de Sergents aux Gardes, flatoient trop son humanité, pour qu'il consultât sur ce point d'autres Arbitres que son propre cœur & les Praticiens intéressés à la fortune du remede. Ainsi s'éleva l'Hôpital des Gardes Françoises, fondé par les libéralités de leur généreux Commandant.

Il ne restoit plus, pour la réputation des Dragées, qu'à donner aux Cures sans nombre qu'on leur fait journellement opérer toute la publicité possible. On crût la voye du Mercure de France la plus propre à remplir ce but. L'Auteur de cet écrit périodique (1), très-difficile quelquefois pour les matieres de son ressort, avoit ses momens de complaisance. On les connut bien-tôt, on sçut le gagner, & le Mercure qui n'étoit fait que pour amuser, ou pour instruire au moins des faits qui ne rappellent point d'idées contraires à l'honnêteté publique, fut infecté du Journal des Cures opérées par le sieur *Keyser*. Pendant cinq à six mois de suite, on fut exactement informé des noms & qualités des sujets qui subissoient l'opération des Dragées ; & les plaintes des Citoyens qui s'élevoient contre un abus si opposé à nos mœurs, furent étouffées par des applaudissemens vraiment mendiés & ramassés de toutes parts (2).

Enfin pour couronner pleinement le triomphe du sieur *Keyser*, il falloit qu'il fut célébré par les Poëtes. Cette espece, à ce qu'on m'a dit, est aujourd'hui très-rare chez nous; mais en récompense il y a beaucoup de *Rimeurs*. Or il n'étoit pas difficile de trouver quelque petit Troubadour qui voulût bien prendre la peine de chanter le sieur *Keyser*. Il fut donc bientôt célébré, comme il devoit s'attendre à l'être, c'est-à dire assez platement ; si ce n'est qu'avec la même indécence qui faisoit publier tous les mois la liste des sujets opérés dans son Hôpital antivénérien, le Chantre du sieur *Keyser*, en vantant son antidote avec un excès plus que poëtique, invitoit formellement la jeunesse à se livrer sans crainte aux Laïs.

C'est ici l'endroit de répondre à une objection que j'ai déja résolue dans ma *Réfutation des Ecrits publiés pour M. de Torrés* p. 9. l. 33 ; mais que j'entends toujours répéter.

Comment, dit-on, accorder les faits qui constatent si for-

(1) C'étoit alors M. de Boissi.
(2) On n'a donc pas crû que des Soldats fussent Citoyens, & qu'à ce titre on leur dût les ménagemens que nos Loix prescrivent pour les plus vils Artisans.

tement l'infuffifance des Dragées, avec tous les certificats qui nous atteftent un fi grand nombre de Cures opérées par ce même remède? Il faut donc s'infcrire en faux contre tous ces Certificats? Cependant, pour nous affurer de la vérité de ces Cures, quelle autre voye pouvons-nous avoir que le témoignage des Gens de l'Art?

Je n'ai garde d'arguer de faux les Certificats rapportés par le fieur *Keyfer*. Je fuppofe même que perfonne n'eft capable d'attefter ce qu'il n'a pas vû, ce qu'il ne fçait pas, ce qui n'eft pas vrai. Mais il eft un moyen bien fimple d'expliquer les inconféquences & les variétés du nouveau remède.

Que les Dragées du fieur *Keyfer* réuffiffent fur certains malades, parce que le mal eft de nature à céder à tous les remèdes, ou parce que le fujet, affez vigoureux pour fupporter l'action des Dragées, a réfifté aux impreffions qu'elles font fur d'autres, cela peut être abfolument, fans que je fois bien convaincu de cette poffibilité, & je ne prétends point nier des faits. Je fçai que le fieur *Keyfer* a plufieurs fortes de Dragées: c'eft apparemment le même remède diverfement modifié pour les divers cas où peuvent fe trouver les malades. Cette variété bien entendue ne feroit point une inconféquence dans la propriété ni dans l'application du remède; ainfi je veux croire que les Dragées ont fait & font encore quelques Cures.

Mais quand je vois plufieurs malades avec des accidens ordinaires manqués par ce même remede; lorfque, fans compter les fept ou huit qu'il avoue, il en a paffé dans mes mains quatre ou cinq bien reconnus n'avoir point été guéris dans les fiennes, quelle idée veut-on que je puiffe avoir de ces infidèles Dragées?

Je fuis fans doute auffi furpris des Cures que je vois atteftées par des Certificats authentiques, & ma furprife eft bien juftifiée par celles dont je vois l'illufion. Car qu'eft-ce qu'un remède qui manque une partie de fon effet dans certains malades, que d'autres guériffent? Il y a certainement des maladies incurables; d'ailleurs il n'eft point de remèdes qui foient abfolument infaillibles, & les plus fûrs ont quelquefois échoué; mais le fieur *Keyfer* n'eft point du tout dans ce cas. Les malades que fon remède a manqués, ont été guéris radicalement par

d'autres

d'autres remèdes. Leurs maladies n'étoient donc pas incurables ? Il est donc des remèdes & plus prompts & plus efficaces que le sien ? Les Dragées ne sont donc pas un remède sûr, pour les cas mêmes où les remedes ordinaires réussissent sans difficulté ? Que répondra-t-il à cet argument ?

Je guéris le plus souvent, dira-t-il : voilà une légion de malades, dont la guérison est bien & dûement constatée [1], que j'oppose au petit nombre de ceux qui ont éludé, je ne sçai comment, l'effet de mes admirables Dragées. Je vous passe toutes vos guérisons, lui dirai-je ; je n'examine ni la lettre, ni l'esprit de tous vos Certificats, dont plusieurs sont très-captieux, très-équivoques & nullement *probatifs*. Je veux bien supposer que tous ceux qui vous les fournissent abondamment les donnent en connoissance de cause, qu'ils ont suivi vos traitemens, qu'ils vous ont vû administrer les malades, qu'enfin aucune sorte d'intérêt, présent ou éloigné, aucune autre considération que celle de la vérité, n'ont dicté tous ces témoignages. Les *Mollée*, les *Torrés* en rapportoient d'aussi forts, d'aussi nombreux, d'aussi respectables. Vous guérissez souvent, mais vous manquez quelquefois. Expliquez-nous cette bizarrerie, ces caprices de votre remède.

» Mon Hôpital, répliquera le sieur *Keyser*, répond à tout.
» On me confie la santé d'un Corps considérable de la Maison
» du Roi ; quelles autres preuves demandez-vous ? Lisez les
» Mercures de France : vous y verrez de longues listes de
» Soldats, dont la guérison est attestée par des Procès-verbaux
» en bonne forme ».

J'ai vû quelques-unes de ces listes qu'on fait tant valoir, & par le détail des traitemens, j'apprens que plusieurs Praticiens, frictionnaires par principes, sont occupés dans l'Hôpital des Gardes-Françoises à administrer le nouveau remède. J'en conclus que ces Praticiens attachés à la fortune des *Dragées*, dont ils tirent apparemment plus de fruit que de leurs Frictions, ont ici le même intérêt que le sieur *Keyser*. Dès-là tout est clair, tout est expliqué. Le remède dans leurs mains fait des prodiges ; il est aidé par tous les moyens possibles. Les breuvages, & les autres ressources qu'employoit M. de *Torrés*, pour assurer l'effet du sien, sont mis

[1] Il a porté l'exagération jusqu'à en articuler 1500. Seroit-il assez simple pour croire qu'on lui en passe la cinquième partie ?

en ufage ; en un mot tout l'art des Frictionnaires vient au fecours du Spécifique [1] ; & l'on voit manifeftement, que ce n'eft point du tout le fuccès des Dragées qui foutient le nouvel Hôpital, mais que c'eft cet Hôpital qui foutient la réputation des Dragées. L'intérêt qu'ont les protecteurs de ce remède peu canonique, à l'empêcher de tomber dans le décri, les rend extrêmement attentifs à prévenir, ou à réparer les mauvais effets de fa cauſticité reconnue. Enfin, on ne peut trop ici l'inculquer, ils l ont adopté, parce qu'il eſt nouveau, & parce que le Public aime la nouveauté. Ils le prefcrivent à leurs propres malades, & n'y perdent rien ; chacun fçait fes droits. Et qui pourroit être affez neuf, pour ne pas comprendre qu'un Chirurgien Frictionnaire par état, doit avoir d'autres raifons que celle de l'intérêt Public, pour favorifer une méthode contraire à celle de l'Ecole ? Je viens de lever un coin du rideau ; c'en eft affez pour des yeux un peu clairvoyans, & l'on devine aifément le refte.

Si les Dragées du fieur *Keyſer* n'acquéroient pas entre les mains de fes prudens coopérateurs quelques degrés d'efficacité, qu'elles n'ont fûrement point par elles-mêmes, pourquoi lui feroient-elles ailleurs des infidélités fi fréquentes ? N'ont-elles, hors de fon Hôpital, qu'une partie de leur vertu ?

Le fieur *Keyſer*, à la fin de fa prétendue Réfutation, rapporte plufieurs Certificats du célèbre M. *Garangeot*, qui conftatent deux ou trois cures nouvelles. Mais par quelle fatalité le fieur *Keyſer* a-t-il donc encore manqué depuis peu un jeune homme de famille qui a pris long-tems fon remède, pour une Gonorrhée qu'il n'a pû guérir ? Ce malade, après un long ufage des Dragées, prifes fans aucun autre effet qu'une fatigue extraordinaire, s'étant apperçu de quantité de poireaux qui lui étoient furvenus dans le traitement, vint me trouver en cet état. Je ne voulus rien entreprendre, qu'au préalable il n'eût été vifité par M. *Morand*. Ce grand Praticien, ayant trouvé le malade dûement atteint de la Verole, le confirma

---

[1] Ce ne font point de fimples conjectures : M. *Garangeot*, trop habile pour laiffer rien échapper au hazard, dans un de fes Certificats appelle ces fecours de l'art, *les Acceſſoires, qui font quelquefois d'une néceſſité abſolue.* Il ne faut que lire avec un peu d'attention les Certificats de ce Praticien, dont la plûpart ont été donnés, comme il le dit expreſſément, *par des ordres ſupérieurs*, pour entrevoir tous les reſſorts qu'on fait jouer, pour accréditer le nouveau remède.

dans le deſſein qu'il avoit de ſe mettre entre mes mains; & malgré la complication, je l'ai guéri complettement. Si par hazard le ſieur *Keyſer* vouloit méconnoître le ſujet, je ne puis le lui déſigner autrement : M. *Morand* peut le mettre au fait.

Autre preuve de l'inefficacité des Dragées du ſieur *Keyſer*. Il eſt actuellement en inſtance au Châtelet de Paris, pour ſe procurer le payement d'un Billet qu'il s'étoit fait faire par un malade qu'il n'a pû guérir. Le ſieur *Keyſer* ne peut plus s'en prendre à la mauvaiſe conduite du ſujet, puiſqu'ayant demeuré chez lui pendant tout le traitement, il s'eſt ſoumis à toutes les épreuves où le *Dragiſte* a mis ſa patience, & la vigueur de ſa complexion. Le malade manqué, n'a pas crû devoir payer un traitement qui n'a opéré d'autre effet que de le tourmenter beaucoup; & de-là s'eſt élevé un Procès, où la bonne foi du ſieur *Keyſer*, qui revendique ſon payement comme la reſtitution d'un prêt, ſubit une épreuve aſſez délicate.

Je n'ai plus qu'un mot que j'adreſſe, non-ſeulement au ſieur *Keyſer*, mais à tous & chacuns les intéreſſés dans le nouvel établiſſement des Dragées Antivénériennes. Comme il ne faut que la qualité de Citoyen, pour être en droit de s'occuper du bien public, j'ai proteſté juſqu'à préſent contre tous les remèdes faux, équivoques, inefficaces, & mêmes dangereux qui ont pû avoir quelque vogue. Je renouvelle encore ici mes proteſtations contre les Dragées.

Qu'après cela le ſieur *Keyſer* rempliſſe les Journaux de Liege de Lettres anonymes; qu'il inonde Paris de Certificats; que la réputation des Dragées ſoit portée au Cieux : content d'avoir pû contribuer à détromper mes Concitoyens, je continuerai tranquillement à guérir de tems en tems les malades manqués par le ſieur *Keyſer*, & à obſerver le moment où le voile achevera de tomber; moment inévitable & prochain.

J'ai fini avec le ſieur *Keyſer*. Mais pour terminer ſans retour la conteſtation que nous avons devant le Public, au défaut du défi qu'il n'a point voulu accepter, je vais lui faire une nouvelle propoſition qui ſera certainement la derniere.

Puiſqu'il croit ſon remède bon, & que je prétends être ſûr du mien, pour conſtater l'efficacité des deux, ou la ſupériorité que l'un peut avoir ſur l'autre, dépoſons-les entre les mains du premier Médecin du Roi, & du Chef de la Chirurgie. Ces Messieurs pourront nommer chacun de leur part les plus habiles Praticiens, pour examiner avec la plus sévere attention la composition de nos remèdes, leurs propriétés, leur application, leurs avantages ou leurs inconvéniens respectifs. Le Public par ce moyen sera éclairé, & l'on sçaura à quoi s'en tenir. Si l'un & l'autre réussissent, tant mieux : on aura deux bons remèdes pour un, & ce n'est pas trop pour Paris. Si l'un des deux ne soutient pas l'examen & est rejetté, tant mieux encore : ce sera une découverte importante; les malades ne seront plus exposés à être trompés. Il est vrai que dans le dernier cas, l'un de nous deux sera obligé d'abandonner son remède; mais c'est ici principalement que l'intérêt particulier doit céder au bien public. D'ailleurs on sçait que le sieur Keyser joüit actuellement d'une fortune honnête, & moi je suis content de la mienne. Ainsi de quelque maniere que tourne ce nouveau Concours, il n'y a qu'à gagner pour le Public, & peu de chose à perdre pour nous.

Le sieur Keiser n'a plus de prétexte pour éluder ma proposition; ou l'on doit regarder son refus, comme un aveu manifeste de sa défiance pour un remède équivoque, & comme une reconnoissance tacite de la supériorité du mien.

LE CONSEIL soussigné qui a vû le Mémoire à consulter, présenté par M. Dibon, & les piéces y mentionnées, estime que le sieur Dibon est bien fondé à se pourvoir en Justice, pour faire ordonner la suppression de la Lettre anonyme inserée contre lui dans le *Journal Encyclopédique* du mois de Février dernier; & pour faire supprimer de même tous les passages qui se trouvent calomnieux & injurieux audit sieur Dibon, dans l'Ecrit qui paroit sous le titre de *Réfutation d'un Imprimé concernant le sieur le Grau*, avec défenses aux Auteurs de ces deux Ouvrages, de récidiver, sous les peines portées par les Ordonnances. Déliberé à Paris ce premier Septembre mil sept cent cinquante-huit.

SAVET, Avocat.

De l'Imprimerie de la veuve DELAGUETTE. 1758.

www.ingramcontent.com/pod-product-compliance
Lightning Source LLC
Chambersburg PA
CBHW070545050426
42451CB00013B/3178